W0329284

LA CHANDELLE DU BON ROY HENRI

scénario PHILIPPE CHARLOT

dessins ÉRIC HÜBSCH

couleurs SÉBASTIEN BOUET

GRAND ANGLE

NOUS SOMMES EN 1594, EN LA VILLE DE PARIS.
À FORCE DE TÂTONNEMENTS ET D'ATERMOIEMENTS CONFESSIONNAUX, CE BON ROI HENRI A ENFIN PU METTRE PIED DANS SA CAPITALE.
AVEC SON ARRIVÉE, C'EST LA RENAISSANCE QUI TIRE SON ÉLÉGANTE RÉVÉRENCE...
ET L'ÉPOQUE MODERNE QUI POURSUIT SA LENTE INSTILLATION...
AU GOUTTE-À-GOUTTE.

QUAND ON PENSE QUE CERTAINS SE COMPROMETTENT ENCORE À CONSULTER DES VOYANTES ET DES REBOUTEUX, C'EST À DÉSESPÉRER DE NOTRE SIÈCLE.
HEUREUSEMENT, LA MÉDECINE MODERNE NOUS SAUVE DE CET OBSCURANTISME...
AH, VOUS VOILÀ, MONSIEUR !
LE ROI... SES PROBLÈMES DE...
DE QUOI PARLEZ-VOUS, ASSISTANT ?
SON... COMMENT DIRE... VOUS SAVEZ... SON...
HM, HM ! OUI... VOUS VOULEZ DIRE... SON... SON MAL BLANC... QU'IL A... AU DOIGT !
LE MAL BLANC EST UN TERME DU COMMUN, BIEN SÛR.
POUR UN ROI, ON PARLE PLUTÔT DE PANARIS, SACHEZ-LE !
ET CE N'EST PAS GRAND-CHOSE ! UN SIMPLE PETIT FURONCLE SOUS L'ONGLE... DE RIEN DU TOUT...
VOUS ÊTES FOU ?! VOUS ALLIEZ PARLER EN PUBLIC DES PROBLÈMES QUE SA MAJESTÉ A AU NIVEAU DE SA... DE SON... CELA NOUS VAUDRAIT L'ÉCARTÈLEMENT.
C'EST QUE... LE ROI VOUS FAIT DEMANDER DE CETTE PRÉPARATION QUI LUI FAIT TANT DE BIEN, IL VA BIENTÔT ÊTRE À COURT... VOUS SAVEZ... RAPPORT À SON...
SON PANARIS !

TENEZ, VOICI LA PRÉPARATION QUE VOUS AVEZ COMMANDÉE À MA COUSINE BERTILLE... POUR CE MYSTÉRIEUX MALADE DONT VOUS ME CACHEZ LE NOM.
C'EST UNE QUESTION DE DÉONTOLOGIE, POUR UN HOMME DE SCIENCE. NE LE PRENEZ PAS MAL, J'AI TOUTE CONFIANCE EN VOUS.
ON NE DIRAIT PAS !
QU'EST-CE QU'IL PEUT BIEN Y AVOIR LÀ-DEDANS ?
DES SELS DE CHOUETTE, DES ABATS DE CRAPAUD ACCOUCHEUR... DES TESTICULES D'HOMME DE SCIENCE.
NE LES CHERCHEZ PAS, ILS SONT SI PETITS...
INSISTEZ BIEN AUPRÈS DE CETTE BERTILLE POUR QUE CELA NE SE SACHE PAS. JE DOIS PRÉSERVER MA RÉPUTATION.
POUR UNE FOIS QUE VOUS SOULAGEZ L'UN DE VOS PATIENTS, VOUS DEVRIEZ PLUTÔT LE FAIRE ANNONCER PAR UN CRIEUR DE RUE.
QUEL CARACTÈRE !
SI SON MIRONTON N'ÉTAIT PAS AUSSI SAVOUREUX...

ALORS, MA JOLIE, ON EST VENUE S'ACOQUINER À LA CAPITALE ?
IL N'Y A PAS PLUS SÉRIEUSE QUE MOI, JEUNE HOMME.
QUEL DOMMAGE ! LE ROI VA SÛREMENT DÉCRÉTER QUELQUES JOURS DE FESTIVITÉS POUR MARQUER SON ARRIVÉE !
VOUS NE MANQUEREZ DONC PAS D'OCCASIONS DE VOUS AMUSER SANS MOI.
CE PARFUM... DE L'EAU DE ROSE ?
JE SUIS PLUTÔT CENSÉE SENTIR LE LIVAROT, J'Y VIVAIS IL Y A PEU ENCORE.
UNE PROVINCIALE PERDUE DANS LA GRANDE VILLE... QUEL ROMANTISME...
À CE SUJET, POURRIEZ-VOUS M'INDIQUER COMMENT REJOINDRE LE FAMEUX PONT NEUF ?
SI VOUS DIRIGEZ VOS CHARMANTS PETITS PIEDS EN DIRECTION DE CETTE RUE, VOUS Y SEREZ EN QUELQUES MINUTES.
MAIS CE PONT NE VOUS MÈNERA PAS BIEN LOIN, IL EST TOUJOURS EN CONSTRUCTION... ET PAS TRÈS BIEN FAMÉ... IL SERAIT PRUDENT QUE JE VOUS ACCOMPAGNE...
JE ME SENTIRAI PLUS EN SÉCURITÉ SI JE SUIS LOIN DE VOUS !
DE VOUS TOUS !

C'EST TOUT PARIS QUI VIENT LA CONSULTER. DU PLUS RICHE AU PLUS PAUVRE.
BERTILLE ? RIEN NE LUI ÉCHAPPE, ELLE CONNAÎT TOUT ET TOUT LE MONDE !
ELLE EST SURTOUT TRÈS MALIGNE... ELLE FINIT TOUJOURS PAR VOUS DIRE CE QUE VOUS VOULEZ ENTENDRE.
OUI, MAIS ÇA FAIT TELLEMENT DE BIEN. ET SES REMÈDES SONT INCOMPARABLES !
Bertille du Livarot soigne les corps et l'âme
ON DIT QUE SI CE PARJURE D'HENRI A TANT FAIT POUR OUVRIR LES PORTES DE LA VILLE, C'EST POUR ELLE !
ELLE REÇOIT LES PROTESTANTS ?
NOTRE ROI N'EST-IL PAS CATHOLIQUE MAINTENANT ?
DEPUIS SI PEU, IL A ENCORE LE FRONT BRILLANT DE SAINT CHRÊME.
MAIS AU MOINS, NOUS AVONS UN ROI UN PEU PLUS GAILLARD QUE LE PRÉCÉDENT !

CETTE PRÉPARATION QUE ME PRESCRIT MON MÉDECIN ME FAIT LE MEILLEUR DES EFFETS. JE ME SENS EN GRANDE FORME... SUR TOUS LES PLANS !
HÉ HÉ !
COMPLIMENTS, MAJESTÉ !
MESSIEURS ! ALLONS NOUS FAIRE APPLAUDIR PAR NOS FIDÈLES SUJETS... ET ADMIRER PAR NOS ADORABLES PARISIENNES !
JOIGNEZ-VOUS À NOUS, MONSIEUR L'ABBÉ !
JE NE PEUX ! C'EST L'HEURE DE MES CONTRITIONS, MAJESTÉ !
VOUS FEREZ CELA PLUS TARD ! QUE L'ON VOUS DONNE UNE MULE ! LE PEUPLE DOIT VOIR COMBIEN MON ATTACHEMENT À L'ÉGLISE CATHOLIQUE EST GRAND !
JARNIDIEU ! SES CONTRITIONS ?! JE ME DEMANDE BIEN CE QUE MON JÉSUITE DE CONFESSEUR PEUT AVOIR À SE FAIRE PARDONNER... UN TEL PISSE-FROID...
POUR CE QUI EST DE NOUS, SI L'OCCASION SE PRÉSENTE, N'HÉSITONS PAS À PÉCHER ! SURTOUT SI L'OCCASION EST JOLIMENT DODUE ! AH, AH !
SEIGNEUR... CET HOMME EST UN PORC. IL N'EST PAS DIGNE DE LA CONFIANCE QUE VOUS AVEZ MISE EN LUI.

BONJOUR, JE...
CHUT...
TAISEZ-VOUS... JE NE VEUX RIEN SAVOIR...
JE VOIS...
JE VOIS...
JE VOIS UNE JEUNE FEMME DE PROVINCE VENUE À PARIS DANS L'ESPOIR D'APERCEVOIR NOTRE NOUVEAU ROI.
AH NON ! PAS DU TOUT ! À MOINS QU'IL NE SOIT CÉLIBATAIRE, MAIS J'AI CRU COMPRENDRE QUE DE CE CÔTÉ-LÀ...
NON... EN FAIT... JE... JE VOIS UNE JEUNE FEMME PLEINE D'ESPOIR DE TROUVER UN MARI...
AH, BEN LÀ, OUI ! J'AI TRAVERSÉ LA MOITIÉ DE LA FRANCE POUR TROUVER L'OISEAU RARE. C'EST QUE J'APPROCHE DE MES DIX-HUIT ANS.
CE MARI SERA SÉDUISANT, AMBITIEUX ET AUX PORTES DES PLUS GRANDS HONNEURS.
VOILÀ, C'EST TOUT À FAIT LUI ! ET COMMENT APPÂTERAI-JE CET OISEAU RARE ?
EH BIEN...

CE POURRAIT ÊTRE LE PREMIER AUQUEL LA JEUNE FEMME ADRESSERA... ET LA PAROLE... ET UN SOURIRE. LE PREMIER... ET PAS UN AUTRE...
LAISSEZ L'ARGENT DANS LA COUPELLE.
UNE PETITE CHOSE... LA JEUNE FEMME EN QUESTION EST VOTRE NIÈCE... LA FILLE DE VOTRE SOEUR ANÉMONE RESTÉE EN SA CAMPAGNE.
AU REVOIR, MA TANTE ! JE REPASSERAI VOUS VOIR BIENTÔT, AU BRAS DE MON FUTUR ÉPOUX !
LA FILLE DE MA SOEUR ?! MA NIÈCE ?!
REVIENS ! CE GENRE DE PROPHÉTIE N'EST PAS POUR TOI... PAS AVEC LA MÈRE QUE TU AS !
MON DIEU ! QU'AI-JE FAIT À CETTE PAUVRE PETITE...

IL AURAIT DIT QUE PARIS VAUT BIEN UNE MESSE.
LA SIXIÈME FOIS QU'IL SE CONVERTIT, VOUS Y CROYEZ, VOUS ?
CE NEZ... PAS TRÈS CATHOLIQUE, QUAND MÊME !
PAS PLUS FIDÈLE EN RELIGION QU'EN MARIAGE !
UN COEUR D'ARTICHAUT ASSAISONNÉ À L'HUILE SAINTE.
JARNIDIEU ! JE M'ATTENDAIS À UN PEU PLUS DE DÉMONSTRATIONS DE JOIE.
VOUS QUI CONNAISSEZ BIEN VOS PARISIENS, MONSIEUR LE GOUVERNEUR, QUE POURRIONS-NOUS FAIRE POUR QU'ILS AIMENT LEUR ROI COMME IL LE MÉRITE ?
PARLEZ SANS DÉTOUR. AURIEZ-VOUS UNE IDÉE ? QUELQUE CHOSE QUI ME METTRAIT EN VALEUR.
ET NE ME PROPOSEZ PAS UNE MESSE ! NOUS EN AVONS EU ASSEZ, DE MESSES !
C'EST QUE... MAJESTÉ... L'AFFAIRE MÉRITE RÉFLEXION...

NE PAS ME PRÉCIPITER... NE PAS SOURIRE, NE PAS PARLER AU PREMIER GALANT VENU...
TROP QUELCONQUE...
TROP BEAU...
TROP VIEUX...
REGARDEZ QUI VOILÀ ! NOTRE JEUNE AMIE DU LIVAROT !
ALORS, ÉBLOUIE PAR NOTRE BELLE CAPITALE ?
DIANTRE ! LES LIVAROTAISES SONT CHANGEANTES ! DES PLUS CHARMANTES AUX PLUS REVÊCHES D'UN MOMENT À L'AUTRE !
ON DIT QUE LE ROI FAIT SA PROMENADE DANS LE QUARTIER ! QUELQU'UN L'A VU PASSER ?
VOUS N'ALLEZ PAS ADMIRER NOTRE MONARQUE, MA MIGNONNE ?
CE SERAIT UNE PERTE DE TEMPS, IL EST DÉJÀ MARIÉ.
DEPUIS QUAND LE MARIAGE EMPÊCHE-T-IL LES SENTIMENTS ?

NOS HOMMAGES, MADEMOISELLE !
JE ME SERAIS CONTENTÉE DES VÔTRES, MONSIEUR...
EUH... JE VEUX DIRE... EUH...
JE SUIS VOTRE SERVANTE, MAJESTÉ...
TOUT VA BIEN ? VOUS N'ÊTES PAS BLESSÉE ?
JE CROIS QUE JE N'AI RIEN... JE VOUS REMERCIE DE VOTRE AIDE, JE...

JE... JE VOUS AI PARLÉ...
Si PEU ! NOUS VOULONS EN SAVOIR PLUS, MOi, MA CHOUETTE ET MON AMi ALARiC.
DiTES-NOUS VOTRE SECRET ! COMBiEN A-T-iL FALLU DE GÉNÉRATiONS D'EXCEPTiON POUR EN ARRiVER À LA FABULEUSE CRÉATURE QUi SE TiENT DEVANT NOUS ?

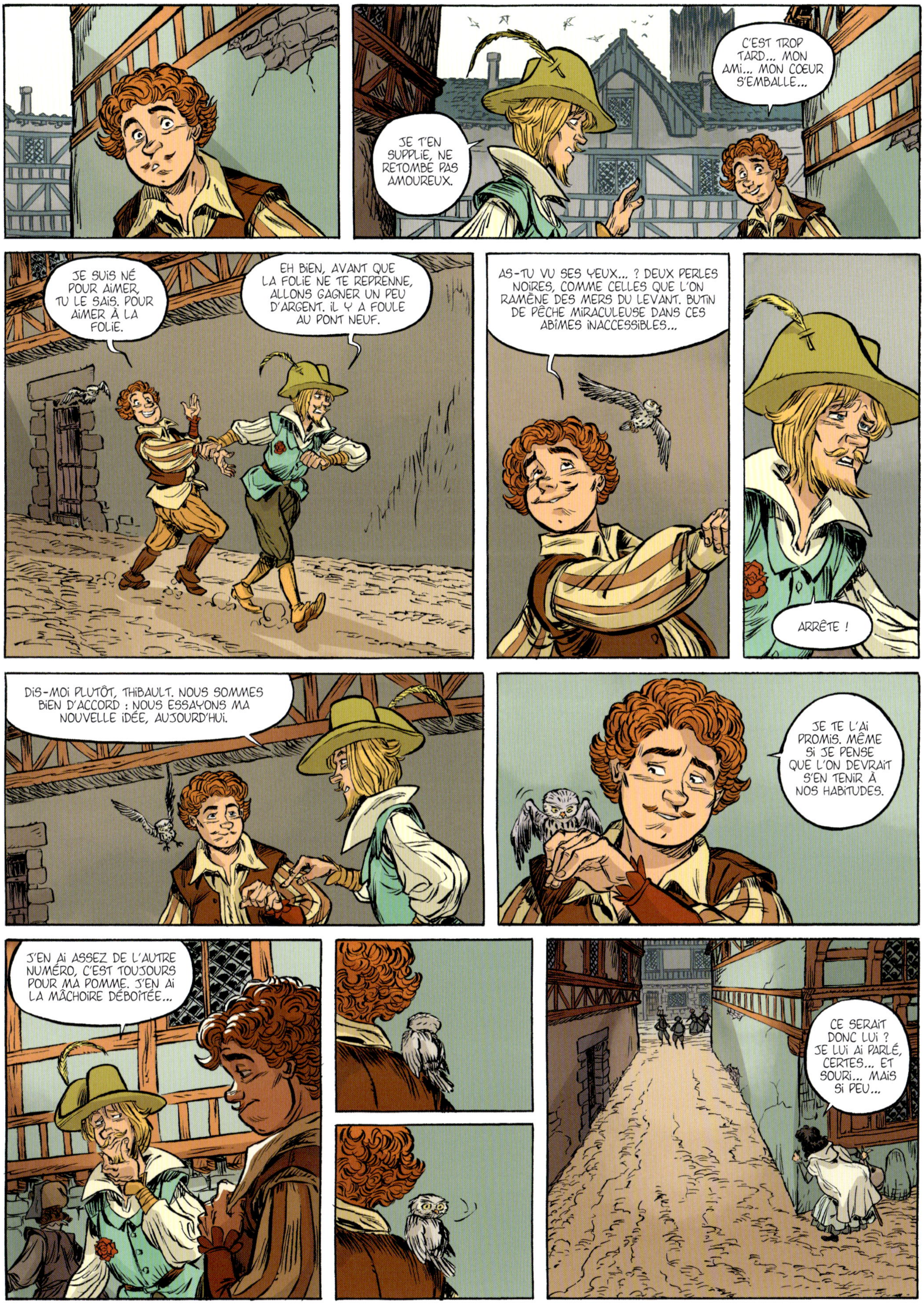
JE T'EN SUPPLIE, NE RETOMBE PAS AMOUREUX.
C'EST TROP TARD... MON AMI... MON COEUR S'EMBALLE...
JE SUIS NÉ POUR AIMER, TU LE SAIS. POUR AIMER À LA FOLIE.
EH BIEN, AVANT QUE LA FOLIE NE TE REPRENNE, ALLONS GAGNER UN PEU D'ARGENT. IL Y A FOULE AU PONT NEUF.
AS-TU VU SES YEUX... ? DEUX PERLES NOIRES, COMME CELLES QUE L'ON RAMÈNE DES MERS DU LEVANT. BUTIN DE PÊCHE MIRACULEUSE DANS CES ABÎMES INACCESSIBLES...
ARRÊTE !
DIS-MOI PLUTÔT, THIBAULT. NOUS SOMMES BIEN D'ACCORD : NOUS ESSAYONS MA NOUVELLE IDÉE, AUJOURD'HUI.
JE TE L'AI PROMIS. MÊME SI JE PENSE QUE L'ON DEVRAIT S'EN TENIR À NOS HABITUDES.
J'EN AI ASSEZ DE L'AUTRE NUMÉRO, C'EST TOUJOURS POUR MA POMME. J'EN AI LA MÂCHOIRE DÉBOÎTÉE...
CE SERAIT DONC LUI ? JE LUI AI PARLÉ, CERTES... ET SOURI... MAIS SI PEU...

COMME LE DIT NOTRE MAÎTRE PARACELSE : PAR LES FLUIDES, IL Y A CONTINUITÉ ENTRE L'ESPRIT ET LE CORPS.
QUI DOMINE L'UN A LA MAINMISE SUR L'AUTRE !
ET NOUS ALLONS LE PROUVER ICI MÊME, GRÂCE À VOTRE AIDE, CHER MONSIEUR !
SI VOUS VOULEZ BIEN NOUS PRÊTER ATTENTION...
... VOUS LA TROUVEREZ ADORABLE ET TOUT CE QU'ELLE FERA VOUS SERA DÉLICE...
À MON SIGNAL, VOUS ALLEZ REVENIR PARMI NOUS, DANS VOTRE ÉTAT HABITUEL.
PLUS TARD, LORSQUE VOUS ENTENDREZ TINTER LA CLOCHETTE DE MON ASSISTANT, VOUS SUIVREZ LES DIRECTIVES QUE JE VOUS AI DONNÉES EN SECRET.
ET CE, JUSQU'À CE QUE VOUS ENTENDIEZ LA CLOCHETTE TINTER DE NOUVEAU.

REVENEZ PARMI NOUS !
SNAP !
??
DING DING DING
DING DING DING
MON AIMÉE !
ESPÈCE DE GOUJAT !
PAF ! PAF! PAF! PAF!
VOS CARESSES ME SONT SI DOUCES, MA MIE !
HA HAHA HAHA HoHo HiHi HA HA HA HA HA HA HA HA HUHU
DING DING DING
DING DING DING
HAHA HAHA HA HA
QUE... MAIS... ENFIN, MADAME ! QUE SIGNIFIE ?!
IL EST MIGNON... ET IL SEMBLE GENTIL... MAIS... SI VITE... DÈS LE PREMIER JOUR...?
HA HA HA

ALORS ? ÇA A DONNÉ QUOI, CETTE QUÊTE ?
BOF...
QU'EST-CE QUE VOUS M'AVEZ FAIT ?
PLOC
TOUT LE MONDE SE MOQUE DE MOI. DÉBARRASSEZ-MOI DE CETTE DIABLERIE.
VOUS SAVEZ COMMENT SONT LES GENS... ILS...
ALARIC ! LA CLOCHETTE ! SONNE LA CLOCHETTE !
PLOC PLOC
PLOC PLOC
EN FAIT, THIBAULT... J'AI RÉFLÉCHI... TU AS PEUT-ÊTRE RAISON... NOUS POURRIONS REVENIR À NOTRE NUMÉRO HABITUEL... HEIN... ? QU'EN DIS-TU ?

MA NIÈCE, TE VOILÀ DE RETOUR ! DIEU MERCI ! TOUT À L'HEURE, JE NE T'AI PAS RECONNUE. TU M'EN VOIS DÉSOLÉE !
MAIS... QUE SE PASSE-T-IL ? TU M'AS L'AIR TOUTE CHAMBOULÉE...
MA TANTE... J'AI PARLÉ ET SOURI... UN PEU... À UN HOMME...
DÉJÀ ?! MAIS TU ES COMME TA PAUVRE MÈRE, QUI TOMBE ENCEINTE DÈS QU'UN BELLÂTRE LUI JETTE UN REGARD LANGOUREUX !
COMMENT EST-IL ? IL T'A PLU ?
IL LUI A PLU, ELLE LUI A SOURI... IL NE VA PLUS LA LÂCHER !
DIS-M'EN PLUS !
JE VOIS ! UN SALTIMBANQUE... TALENTUEUX... MAIS SALTIMBANQUE...
MONTRE-MOI TA MAIN !
SACHE QUE SI TU LUI CÈDES TROP VITE, CE SERA LE PLUS BEAU JOUR DE SA VIE... MAIS PEUT-ÊTRE PAS DE LA TIENNE !
ALORS NE T'EMBALLE PAS... PRENDS TON TEMPS ET ASSURE-TOI QUE CE GARÇON A TOUTES LES QUALITÉS QUE TU POURRAIS ATTENDRE D'UN MARI !
ET DIS-MOI... COMMENT VA TA MÈRE ?
ENCEINTE DE SIX MOIS, MA TANTE.

... MAIS QUELLE ÉTRANGE QUESTION, MONSIEUR LE GOUVERNEUR ? EN TANT QUE BÉARNAIS, J'EXCELLE EN TOUT, BIEN SÛR !
ALORS, QUELQUE CHOSE D'AUSSI SIMPLE QUE LE JEU DE PAUME... VOUS PENSEZ BIEN...
SI JE PUIS ME PERMETTRE... POURQUOI NE PAS FAIRE VENIR VOTRE ÉPOUSE ? UNE ENTRÉE DANS PARIS, EN GRANDE POMPE. LA REINE MARGOT NE MANQUE PAS DE QUALITÉS...
OUI, SURTOUT DEPUIS LE JOUR OÙ ELLE A PRIS PARTI POUR LA SAINTE LIGUE CATHOLIQUE, CONTRE LES INTÉRÊTS DE SON PROPRE MARI. N'EST-CE PAS, L'ABBÉ ?
SI VOUS VOULEZ UNE BELLE HISTOIRE D'AMOUR, OBTENEZ DU PAPE MON DIVORCE ET CELUI DE MA CHÈRE GABRIELLE. UN MARIAGE ROYAL, VOILÀ QUI MET UNE CAPITALE EN LIESSE.
J'AI BIEN PEUR DE NE PAS POUVOIR OBTENIR DU SOUVERAIN PONTIFE QU'IL...
DÉCIDÉMENT, VOUS NE ME SERVEZ PAS À GRAND-CHOSE !
MONSIEUR LE GOUVERNEUR, POURQUOI ME PARLIEZ-VOUS DE JEU DE PAUME ?
LES GENTILSHOMMES SE PRESSERAIENT POUR AFFRONTER LE PLUS ILLUSTRE JOUEUR DU ROYAUME.
LES DAMES APPRÉCIERAIENT VOTRE VIGUEUR ET LE PEUPLE SERAIT RAVI DU SPECTACLE QUE VOUS LEUR OFFRIRIEZ...
... EN PLUS DES TONNEAUX DE VOTRE CHER VIN DE JURANÇON QUE VOUS AUREZ FAIT PERCER, BIEN SÛR.

ON L'A DÉJÀ FAIT CENT FOIS, CE NUMÉRO ! ET PUISQUE TU NE SENS RIEN, OÙ EST LE PROBLÈME ?
C'EST HUMILIANT...
JE NE LE FERAI PAS DURER LONGTEMPS, JE TE LE PROMETS.
ALLEZ ! LES GENS S'IMPATIENTENT...
REGARDE-MOI... REGARDE LA CHOUETTE... AU TINTEMENT DE LA CLOCHE, TU NE SENTIRAS PLUS RIEN... ET TU SERAS PLEIN DE GRATITUDE.
APPROCHEZ, MESDAMES ET MESSIEURS, NOUS ALLONS COMMENCER !
VOUS POUVEZ PENSER À QUI VOUS VOULEZ : VOTRE CONJOINT, VOTRE CHÈRE BELLE-MÈRE... ÇA N'EN RENDRA L'EXPÉRIENCE QUE PLUS EFFICACE.
ET VOUS VOUS SENTIREZ TELLEMENT BIEN APRÈS !
DING
DING
DING
DING
ÇA, C'EST POUR MON CHER MARI !
VLAM !
MERCI BEAUCOUP, MADAME ! ET BELLE JOURNÉE !

VLAM !
PRENEZ VOTRE PLACE, MESSIEURS DAMES ! LA SÉANCE SERA COURTE... !!!
VOUS VOICI ENFIN, JE ME DÉSESPÉRAIS ! LOIN DE VOUS, LA VIE N'A PLUS DE SAVEUR !
VLAM !
JE VOUS EN SUPPLIE ! AIMONS-NOUS !
VLAM !
COMME VOUS Y ALLEZ, JEUNE HOMME. JE NE SUIS PAS DE CELLES QUI S'OFFRENT AINSI AU PREMIER SOUPIRANT VENU, SURTOUT QUAND IL EST DE PEU D'ENVERGURE.
JE SUIS PLEIN D'AVENIR !
EN ATTENDANT, VOUS TENDEZ LA MAIN DANS LA RUE. CE N'EST PAS TRÈS GLORIEUX.
HOU
HOU
MERCHHI BEAU... COUP ET BELLL... CHHHOUR... NÉE...
C'EST ASSEZ ! ARRÊTONS LÀ !
IL EST CRAQUANT... MAIS MA TANTE A RAISON, IL NE FAUT PAS QUE JE CÈDE TROP VITE À SES ÉLANS... NI AUX MIENS.
VLAM !

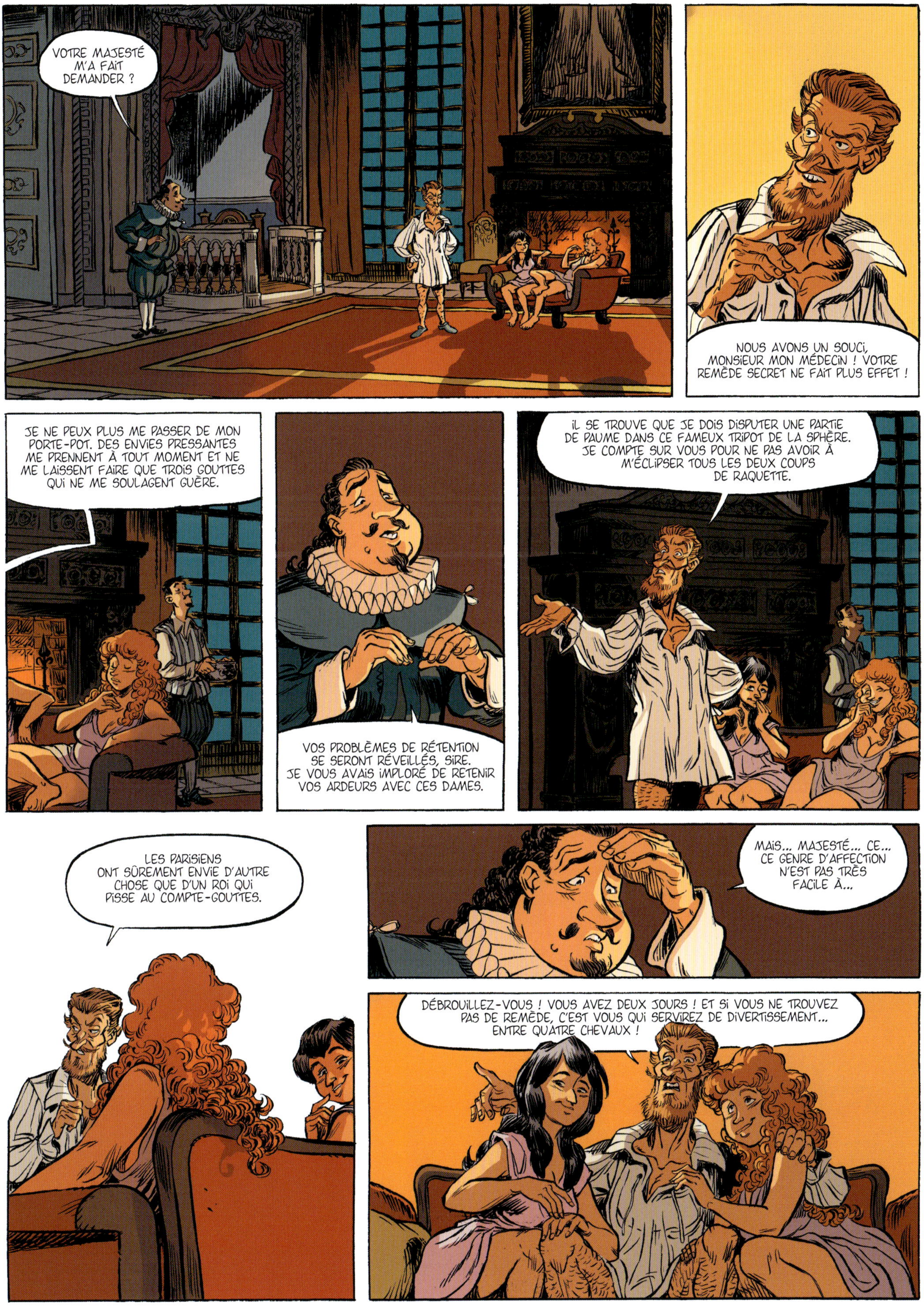
VOTRE MAJESTÉ M'A FAIT DEMANDER ?
NOUS AVONS UN SOUCI, MONSIEUR MON MÉDECIN ! VOTRE REMÈDE SECRET NE FAIT PLUS EFFET !
JE NE PEUX PLUS ME PASSER DE MON PORTE-POT. DES ENVIES PRESSANTES ME PRENNENT À TOUT MOMENT ET NE ME LAISSENT FAIRE QUE TROIS GOUTTES QUI NE ME SOULAGENT GUÈRE.
VOS PROBLÈMES DE RÉTENTION SE SERONT RÉVEILLÉS, SIRE. JE VOUS AVAIS IMPLORÉ DE RETENIR VOS ARDEURS AVEC CES DAMES.
IL SE TROUVE QUE JE DOIS DISPUTER UNE PARTIE DE PAUME DANS CE FAMEUX TRIPOT DE LA SPHÈRE. JE COMPTE SUR VOUS POUR NE PAS AVOIR À M'ÉCLIPSER TOUS LES DEUX COUPS DE RAQUETTE.
LES PARISIENS ONT SÛREMENT ENVIE D'AUTRE CHOSE QUE D'UN ROI QUI PISSE AU COMPTE-GOUTTES.
MAIS... MAJESTÉ... CE... CE GENRE D'AFFECTION N'EST PAS TRÈS FACILE À...
DÉBROUILLEZ-VOUS ! VOUS AVEZ DEUX JOURS ! ET SI VOUS NE TROUVEZ PAS DE REMÈDE, C'EST VOUS QUI SERVIREZ DE DIVERTISSEMENT... ENTRE QUATRE CHEVAUX !

SAVEZ-VOUS QUE DANS MON BÉARN NATAL, ON ME SURNOMME LE VERT GALANT ?
NE DIT-ON PAS QUE LE VERT SIED PARTICULIÈREMENT AUX ROUSSES, MAJESTÉ ?
HÉLAS... EN CE MOMENT... MES DÉBOIRES DE SANTÉ NE ME FACILITENT GUÈRE LA BAGATELLE... QUELLE QU'EN SOIT LA COULEUR...
MAJESTÉ ! VOTRE CONFESSEUR !
IL VA FALLOIR ME LAISSER, MES JOLIES !
JE DOIS RECEVOIR CE RABAT-JOIE ET LUI CONTER PAR LE MENU QUELQUES PECCADILLES QUI LUI FERONT LEVER LES YEUX AU CIEL, ET QUI ME VAUDRONT SES SEMPITERNELLES REMONTRANCES.
C'EST LE PRIX À PAYER POUR SAUVER MON ÂME, RASSURER LE PAPE ET CONTINUER À JOUIR DU ROYAUME DE FRANCE...
... ET DE SES PLUS CHARMANTS SUJETS, QUAND LE JOUR SERA REVENU.
MESDEMOISELLES ! VOUS M'ATTENDREZ DANS L'ANTICHAMBRE, JE PENSE QU'IL EST GRAND TEMPS QUE VOUS VOUS CONFESSIEZ !
ESPÉRONS QU'IL A DU TEMPS DEVANT LUI...
ÇA RISQUE D'ÊTRE LONG...

MAJESTÉ ! VOUS ÊTES MARIÉ DEVANT DIEU, ET UN BON CATHOLIQUE DOIT S'INQUIÉTER DES RÈGLES QUE CE SAINT SACREMENT IMPOSE EN MATIÈRE DE FIDÉLITÉ !
VOUS AVEZ COMPLÈTEMENT RAISON. MÊME SI... POUR L'HEURE...
QUE DIRIEZ-VOUS D'UNE DEMI-DOUZAINE DE CHAPELETS ?
SIRE, JE NE SUIS PAS VENU POUR VOUS ENTENDRE EN CONFESSION, MAIS POUR TOUT AUTRE CHOSE.
JE M'INQUIÈTE DE VOS RELATIONS AVEC LE SOUVERAIN PONTIFE. IL A FAIT PLUS QUE SA PART DANS VOTRE ACCESSION AU TRÔNE. IL EST PEUT-ÊTRE TEMPS DE LUI DONNER DES GAGES DE BONNE VOLONTÉ.
POURQUOI NE PAS METTRE EN PLACE QUELQUES MESURES CONTRAIGNANTES ENVERS LES PROTESTANTS ? CHEZ LES JÉSUITES, NOUS NE MANQUONS PAS DE PROPOSITIONS, VOUS LE SAVEZ !
CE QUE JE SAIS, C'EST QUE VOUS ÊTES AUPRÈS DE MOI POUR PRENDRE SOIN DE MON ÂME.
ALORS FAITES VOTRE OFFICE, FOURREZ VOTRE NEZ DANS MON ALCÔVE ET AILLEURS SI VOS GOÛTS VOUS Y PORTENT, MAIS LAISSEZ-MOI M'OCCUPER DES AFFAIRES DU ROYAUME, ELLES N'INTÉRESSENT QUE MOI.
AINSI VOS BREBIS ET LES MIENNES SERONT BIEN GARDÉES... ET PAR QUI DE DROIT, MONSIEUR L'ABBÉ ! D'AILLEURS, JE VAIS DONNER DES ORDRES POUR QUE VOS ACCÈS AU ROI SOIENT STRICTEMENT LIMITÉS À LA QUESTION RELIGIEUSE.
ALLEZ DONC RECUEILLIR LES CONFIDENCES DE CES DEUX JOLIES POULICHES QUE VOUS AVEZ SERMONNÉES EN ARRIVANT. CELA VOUS EN APPRENDRA BEAUCOUP SUR LA VIE... ET LE RESTE...

COMPRENEZ QUE POUR UNE JEUNE FEMME AVEC MES QUALITÉS, LE CHOIX D'UN MARI EST UNE AFFAIRE D'IMPORTANCE.
VOUS MÉRITEZ LE MEILLEUR, ET VOUS NE TROUVEREZ PAS GALANT PLUS DÉVOUÉ QUE MOI, SAUF PEUT-ÊTRE CHEZ LES PRINCES OU LES ROIS QUI N'ONT QUE CELA À FAIRE.
AH, LE ROI... EN VOILÀ UN BEL HOMME !
PRENEZ GARDE, JE PEUX ÊTRE EXTRÊMEMENT JALOUX QUAND ON SE MET ENTRE MOI ET L'OBJET DE MON AMOUR !
NE NOUS ÉGARONS PAS. VOUS CONCERNANT, JE N'AI PAS ENCORE PRIS MA DÉCISION... IL SE POURRAIT QUE... SI VOUS FAISIEZ QUELQUES EFFORTS POUR VOUS SORTIR DE VOTRE CONDITION...
UN JOUR, ON M'A PROPOSÉ UNE BONNE PLACE, CHEZ UN COMTE.
ET VOUS N'AVEZ PAS SU SAISIR CETTE OPPORTUNITÉ ?
C'EST-À-DIRE QUE... IL N'Y AVAIT RIEN POUR MON AMI ALARIC... JE NE POUVAIS PAS LE LAISSER TOMBER... L'AMITIÉ... VOUS COMPRENEZ...
JE COMPRENDS SURTOUT QUE L'ON PUISSE S'ATTACHER À VOUS... VOUS ÊTES SI TOUCHANT DE SINCÉRITÉ...

SEIGNEUR ! SA CONVERSION EST UN LEURRE.
CE MAUDIT HENRI A ABUSÉ DE LA BONTÉ DU PAPE ET DE LA TRÈS SAINTE ÉGLISE CATHOLIQUE.
IL FAIT LE LIT DES HUGUENOTS QUI VIENDRONT BIENTÔT SE VAUTRER DANS LES ORS DU ROYAUME DE FRANCE.
IL FAUT LE STOPPER... SE DÉBARRASSER DE CE MÉCRÉANT.
MAIS LA MORT SERAIT UN CHÂTIMENT TROP TENDRE POUR CE PARJURE DÉVOYÉ.
ET SURTOUT, ELLE EN FERAIT UN MARTYR POUR CEUX QUI SOUTIENNENT SA CAUSE INDIGNE.
IL FAUT TROUVER AUTRE CHOSE... FAIRE PREUVE D'INTELLIGENCE...
TOC TOC TOC
QUI...?!

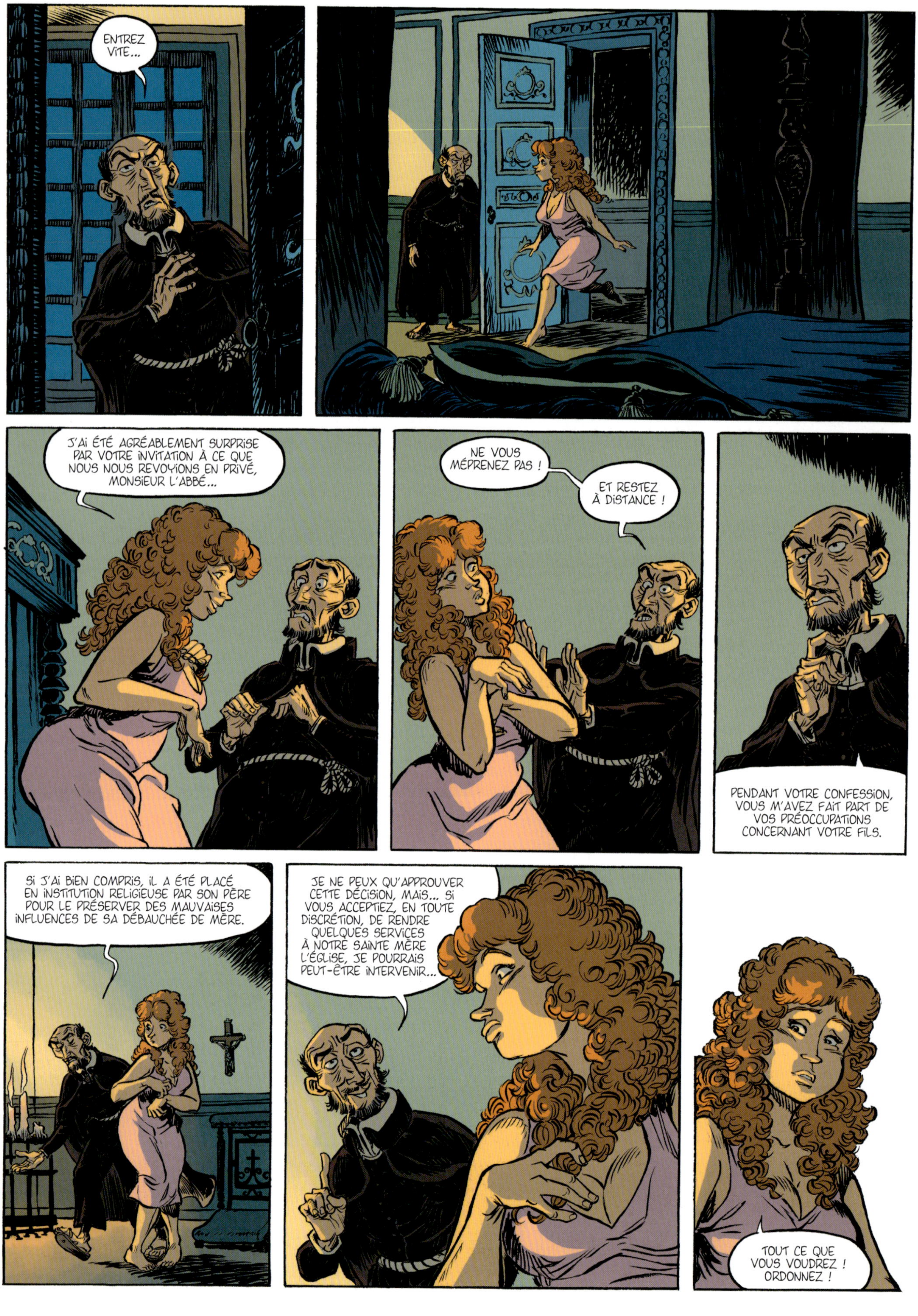

ENTREZ VITE...
J'AI ÉTÉ AGRÉABLEMENT SURPRISE PAR VOTRE INVITATION À CE QUE NOUS NOUS REVOYIONS EN PRIVÉ, MONSIEUR L'ABBÉ...
NE VOUS MÉPRENEZ PAS !
ET RESTEZ À DISTANCE !
PENDANT VOTRE CONFESSION, VOUS M'AVEZ FAIT PART DE VOS PRÉOCCUPATIONS CONCERNANT VOTRE FILS.
SI J'AI BIEN COMPRIS, IL A ÉTÉ PLACÉ EN INSTITUTION RELIGIEUSE PAR SON PÈRE POUR LE PRÉSERVER DES MAUVAISES INFLUENCES DE SA DÉBAUCHÉE DE MÈRE.
JE NE PEUX QU'APPROUVER CETTE DÉCISION, MAIS... SI VOUS ACCEPTIEZ, EN TOUTE DISCRÉTION, DE RENDRE QUELQUES SERVICES À NOTRE SAINTE MÈRE L'ÉGLISE, JE POURRAIS PEUT-ÊTRE INTERVENIR...
TOUT CE QUE VOUS VOUDREZ ! ORDONNEZ !

JE SOUHAITE QUE VOUS ME RAPPORTIEZ CE QUI SE PASSE ET SE DIT CHEZ LE ROI... DANS LES MOINDRES DÉTAILS...
J'EN SAIS DÉJÀ BEAUCOUP !
JE VOUS ÉCOUTE...
UN ROI DIMINUÉ... RAILLÉ PAR LE PEUPLE... RIDICULISÉ... DIEU AURA ÉCOUTÉ MES PRIÈRES...
POURRIEZ-VOUS INTERVENIR AU PLUS VITE POUR QUE JE PUISSE VOIR MON FILS ? JE ME LANGUIS DE LUI... C'EST DUR POUR UNE MÈRE DE NE POUVOIR...
CONTINUEZ À NOUS SERVIR ET NOUS VERRONS CELA EN TEMPS UTILE.

DEUX JOURS POUR SOIGNER UNE SUPPRESSION D'URINE ! JAMAIS JE N'Y ARRIVERAI...
JE SUIS BON POUR L'ÉCARTÈLEMENT.
DITES-MOI !
VOTRE COUSINE BERTILLE, CELLE DES POTIONS...

IL EST CHARMANT, MAIS SON MANQUE D'AMBITION ME PRÉOCCUPE.
PRENDS TOUT TON TEMPS, MA NIÈCE... C'EST LE SECRET EN AMOUR.
TOC! TOC!
UN CLIENT TARDIF. SÛREMENT UN MARI JALOUX... OU IMPUISSANT.
VA DANS MA CHAMBRE ET TIRE LE RIDEAU, CES MESSIEURS SONT ASSEZ CHATOUILLEUX CONCERNANT LEURS DÉBOIRES CONJUGAUX.
MADAME, VOUS ÊTES MON DERNIER RECOURS ! JE ME RETROUVE DANS L'INCAPACITÉ DE...
JE VOIS... DEPUIS COMBIEN DE TEMPS RENCONTREZ-VOUS CES SOUCIS...
MAIS MADAME, IL NE S'AGIT PAS DE MOI... MAIS DE... D'UN AMI.
UN AMI, BIEN SÛR.
METTEZ-VOUS À VOTRE AISE ET EXPLIQUEZ-MOI.

... VOILÀ, MADAME, VOUS SAVEZ TOUT. COMPRENEZ BIEN QUE MON... AMI DOIT RÉGLER SON PROBLÈME AU PLUS VITE ! DANS LES DEUX JOURS !
ET IL EST D'UNE NATURE PLUTÔT COLÉRIQUE !
TRANQUILLISEZ-VOUS. J'AI UN TRÈS BON REMÈDE, IL S'AGIT D'UN MÉLANGE DE...
HÉLAS, CE MÉLANGE NE LUI EST PLUS D'AUCUN EFFET. JE DOIS VOUS AVOUER QUE VOTRE COUSINE, QUI EST AUSSI MA CUISINIÈRE, A FAIT APPEL À VOS TALENTS, EN MON NOM.
C'ÉTAIT DONC VOUS, CE PRESCRIPTEUR MYSTÉRIEUX AU PATIENT DONT ON NE PEUT DIRE L'IDENTITÉ.
SI MA POTION NE LUI EST PLUS D'AUCUNE AIDE, J'AI BIEN PEUR QUE...
MON DIEU ! JE SUIS PERDU !
IL Y AURAIT BIEN UNE SOLUTION DONT ON M'A PARLÉ UNE FOIS...
ELLE EST ASSEZ DÉLICATE À METTRE EN ŒUVRE, MAIS AVEC UN PEU DE DOIGTÉ...

ALORS, MONSIEUR MON MÉDECIN ?! AVONS-NOUS UNE SOLUTION À NOTRE PETIT PROBLÈME ?!
ET QUAND JE DIS PETIT... HU HU HU !
EH BIEN, MAJESTÉ, J'AI LE PLAISIR DE VOUS PRÉSENTER LE REMÈDE À VOS SOUCIS.
UN CIERGE ?!
LA CHOSE N'EST-ELLE PAS UN PEU MODESTE, AU VU DE L'IMPORTANCE DE MA PERSONNE ?
QUE L'ON FASSE COULER UN CIERGE DE VINGT KILOS, NOUS LE FERONS CONSACRER PAR L'ARCHEVÊQUE ET BRÛLER À NOTRE-DAME !
SI JE PUIS ME PERMETTRE, MAJESTÉ, JE SERAIS D'AVIS QUE NOUS NOUS CONTENTIONS D'UNE SIMPLE BOUGIE... ET PLUTÔT FINE...

VOUS ME DITES QUE VOUS ALLEZ INTRODUIRE CETTE BOUGIE CREUSÉE D'UNE ÉTROITE RIGOLE DANS MON... ROYAL ZOZIAU ?!
C'EST TOUT À FAIT CELA, MAJESTÉ. ELLE NOUS PERMETTRA DE VIDER VOTRE VESSIE ET VOUS LAISSERA QUELQUES HEURES DE RÉPIT.
D'AILLEURS, JE SERAIS D'AVIS QUE NOUS EN FASSIONS L'EXPÉRIENCE DE SUITE. VOTRE MAJESTÉ SENT-ELLE LE BESOIN DE SE SOULAGER ?
SI MON PORTE-POT NE ME QUITTE JAMAIS... VOUS PENSEZ BIEN QUE...
MAIS DITES-MOI... IL ME VIENT UNE QUESTION : L'OPÉRATION NE RISQUE-T-ELLE PAS D'ÊTRE DOULOUREUSE ?
SIRE, NOUS AVONS UN REMÈDE À CELA... UN PRODUIT QUI ARRIVE DROIT DE VOS TERRES GASCONNES.
DE L'ARMAGNAC, MAJESTÉ !

NOUS SOMMES PRÊTS, MAJESTÉ. POUVONS-NOUS ?
ALLEZ-Y... MON... SIEUR... LE MÉÉÉÉÉDE... CIN... ! HARDiiii ! NE TREMBLEZ PAAAS ! UN ROI N'AAAA PEURRRR DE RiiiEN !
HARDiiiii ! VOUS DiiiiS-JE, RIEN NE PEUT... M'AAAAATTEINDRE... JE SUIS... SOUS LA PROOOOTECTiiiiON DU SAINT AAARMAGN... AAAARMA...
AAAAAAAHHHHHHH!!!

ON PEUT PENSER QU'À FORCE D'EXERCICES, VOTRE ROYAL ATTRIBUT S'HABITUERA AU PASSAGE DE LA BOUGIE.
BOUGIE QUI POURRA ÊTRE ENCORE PLUS FINE GRÂCE AU TALENT DES MEILLEURS FONDEURS DE PARIS, MAJESTÉ.
TOUT CECI EST TRÈS ENCOURAGEANT !
DE L'ARMAGNAAAC... REDONNEZ-MOI DE L'ARMAGNAAAC...!!!

BONJOUR, CHER COLLÈGUE !
CHER COLLÈGUE, DITES-VOUS ?!
NE SOMMES-NOUS PAS TOUS DEUX DES SOIGNANTS : VOUS DES CORPS ET MOI DES ÂMES ?
VU COMME ÇA... IL ME SEMBLE MALGRÉ TOUT QUE NOUS N'OFFICIONS PAS TOUT À FAIT POUR LA MÊME CHAPELLE.
AH AH ! LA MÊME CHAPELLE ! JE RECONNAIS BIEN LÀ VOTRE HUMOUR, MONSIEUR LE MÉDECIN DU ROI.
IL N'EN RESTE PAS MOINS QUE NOUS SOMMES ÉGALEMENT SOUCIEUX DE LA SANTÉ DE SA MAJESTÉ.
ON CHUCHOTE QU'IL AURAIT QUELQUES CONTRARIÉTÉS.
IL A LA CHANCE D'AVOIR AUPRÈS DE LUI UN MÉDECIN PLEIN DE RESSOURCES. VOUS M'EXCUSEREZ DE NE POUVOIR VOUS EN CONFESSER PLUS, JE SUIS MOI AUSSI TENU À CE GENRE DE SECRETS.
JE VOUS SALUE, MONSIEUR L'ABBÉ, ET VOUS SOUHAITE AUTANT DE SUCCÈS DANS LES SOINS QUE VOUS PORTEZ À SON ÂME.

MADEMOISELLE ! MADEMOISELLE !
N'AVEZ-VOUS RIEN À ME RACONTER ?
IL Y A DES BRUITS QUI COURENT, LE ROI AURAIT TROUVÉ UN REMÈDE À SES SOUCIS.
JE NE SAIS PAS... JE SUIS TELLEMENT PRÉOCCUPÉE PAR MON FILS QUE MON ESPRIT SE PERD... JE N'ENTENDS PLUS RIEN, MA VUE SE BROUILLE...
SI SEULEMENT JE L'AVAIS PRÈS DE MOI, JE SUIS SÛRE QUE JE RETROUVERAIS MES CAPACITÉS...
HÉLAS, IL N'Y A PAS DE SOLUTION À MA TRISTE SITUATION.
J'AI COMPRIS VOTRE PETIT JEU. LAISSEZ-MOI QUELQUES HEURES ET VOUS LE RETROUVEREZ.

C'EST NON !!!
JE ME REFUSE À SUBIR DE NOUVEAU CE SUPPLICE !
SURTOUT SANS ARMAGNAC, CAR JE VOUS RAPPELLE QUE L'ARMAGNAC ET LE JEU DE PAUME N'ONT JAMAIS FAIT BON MÉNAGE, ET DIEU SAIT SI J'AI ESSAYÉ.
PUISQU'IL EN EST AINSI, MON PORTE-POT SERA AUTORISÉ À ENTRER SUR LE JEU.
NOUS PISSERONS DEUX GOUTTES PAR DEUX GOUTTES.
APRÈS TOUT, IL S'AGIT DE MONTRER AU BON PEUPLE LA VIGUEUR DU ROI... CE SPECTACLE NE POURRA QU'AJOUTER À MA RÉPUTATION !
N'EST-CE PAS, MESDAMES ?
HI HI HI !
MAJESTÉ... LE PEUPLE DE PARIS EST MOQUEUR ET S'AMUSE D'UN RIEN... CE N'EST PEUT-ÊTRE PAS LA PEINE DE TROP LUI EN FOURNIR L'OPPORTUNITÉ.
SOIT ! ALORS FAITES DIRE À MON MÉDECIN QUE RIEN N'EST RÉGLÉ, ET QU'IL NE LUI RESTE QU'UNE JOURNÉE POUR ARRANGER MON PROBLÈME.

MADAME, C'EST TERRIBLE ! MON PATIENT NE SUPPORTE PAS LA DOULEUR QUE LUI INFLIGE CETTE BOUGIE. JE VAIS ÊTRE ÉCARTELÉ !
ÉCARTELÉ ?
LE ROI, MADAME ! MON PATIENT... C'EST LE ROI !
UNE AFFAIRE DÉLICATE... CERTES...
IL Y A UN JEUNE SALTIMBANQUE SUR LE PONT NEUF QUI, GRÂCE À UNE ÉTRANGE PRATIQUE, ARRIVE À CONTENIR LA DOULEUR CHEZ LES VICTIMES DE SES FACÉTIES.
CONTENIR LA DOULEUR ? MAIS... C'EST... MERVEILLEUX !
MERVEILLEUX !
Le Royal Fondement
MA CHÈRE NIÈCE, JE CROIS QUE TU VAS POUVOIR COMMENCER À PRÉPARER TON TROUSSEAU. TON PRÉTENDANT POURRAIT BIEN ENTAMER UNE NOUVELLE CARRIÈRE... ET EN HAUT LIEU...

POUR QU'ELLE M'AIME ÉPERDUMENT, IL FAUDRAIT QUE JE LUI PROUVE MON AMOUR D'UNE MANIÈRE INDISCUTABLE, RETENTISSANTE, SPECTACULAIRE...
JE T'EN PRIE, NE REPARS PAS DANS TES IDÉES SAUGRENUES. LA DERNIÈRE A FAILLI TE COÛTER LA VIE.
CE PRIX À PAYER AURAIT ÉTÉ NÉGLIGEABLE DEVANT L'IMBÉCILE PASSION QUE CETTE GOURGANDINE M'INSPIRAIT... COMMENT S'APPELAIT-ELLE DÉJÀ, CETTE INGRATE ?
PEU IMPORTE !
PAR CHANCE, ME VOICI ENFIN DEVANT L'AMOUR DONT JE RÊVE DEPUIS TOUJOURS... ABSOLU... DIGNE DE TOUS LES SACRIFICES. CELUI-CI EST LE BON !
IL FAUT QUE LE MONDE ENTIER SACHE !
ÇA VA LE PASSIONNER... À PLUS TARD...
PARIS ! TU AS DEVANT TOI LE PLUS AMOUREUX DE TOUS LES AMOUREUX QUI ONT ARPENTÉ TES RUES !
UN AMOUREUX QUI... ?!
JEUNE HOMME, LE DESTIN M'ENVOIE VERS VOUS... J'AI UNE PROPOSITION À VOUS FAIRE... AU NOM DE LA SCIENCE...

POUR TON MARIAGE, IL FAUDRA ATTENDRE QUE TA MAMAN AIT ACCOUCHÉ.
CE SERAIT DOMMAGE DE NE PAS AVOIR TOUTE LA FAMILLE...
?!
C'EST UN ÉCHEC...
CE JEUNE HOMME, QUI DEVAIT ME SAUVER... IL N'A MÊME PAS VOULU M'ÉCOUTER. IL DIT NE POUVOIR SE SÉPARER DE SON ACOLYTE...
ET MOI, VOUS COMPRENDREZ BIEN QUE JE NE PEUX PAS INTRODUIRE AUPRÈS DE... QUI VOUS SAVEZ... QUELQU'UN DONT LA PRÉSENCE NE SE JUSTIFIERAIT PAS.
QUE SIGNIFIE... ?!
JE CROIS COMPRENDRE.
LAISSEZ-MOI ARRANGER CELA.

MA DÉCISION N'A RIEN À VOIR AVEC L'AMOUR QUE JE VOUS PORTE, C'EST JUSTE QUE...
COMMENT VOUS EXPLIQUER... JE...
ALARIC !
SI L'ON VOUS FAISAIT UNE PROPOSITION ALLÉCHANTE QUI VOUS VAUDRAIT RECONNAISSANCE ET ARGENT, VOUS LA REFUSERIEZ SOUS PRÉTEXTE QUE THIBAULT NE POURRAIT PAS VOUS SUIVRE ?
BIEN SÛR QUE JE LA REFUSERAIS. ON NE LAISSE PAS TOMBER SON AMI, SURTOUT POUR DU VULGAIRE ARGENT.
VOILÀ, JE VOUS LE DISAIS. NOUS SOMMES COMME DES FRÈRES, C'EST POUR CELA QUE J'AI ÉTÉ OBLIGÉ DE DIRE NON À CE MÉDECIN.
UN PICHET ET DEUX VERRES, TAVERNIER !

QUEL PLAISIR DE SE RETROUVER AINSI TOUS LES TROIS ! MON MEILLEUR AMI ET LA FEMME DE MA VIE, À LA MÊME TABLE !
!,
ET... SI C'ÉTAIT PAR AMOUR QUE VOUS DEVIEZ FAIRE CELA, ALARIC ?
SI C'ÉTAIT PAR AMOUR, CE SERAIT UNE AUTRE HISTOIRE. RIEN NE PASSE AU-DESSUS DE L'AMOUR !
DONC... LE PREMIER AMOUREUX VENU ACCEPTERAIT UNE PLACE QUI POURRAIT L'AIDER À SÉDUIRE CELLE QU'IL AIME... MAIS PAS VOUS ?!
VOUS AVEZ GAGNÉ, JE RÉPONDRAI À LA DEMANDE DU MÉDECIN. MÊME SI L'IDÉE DE LAISSER ALARIC ME FEND LE COEUR.
MOI, TANT QU'IL Y A UN PICHET !
MAIS ALORS, CELA VEUT DIRE QUE VOUS M'AIMEREZ ?
DISONS QUE... NOUS SOMMES SUR LE BON CHEMIN...

IL EST LÀ, MAJESTÉ ! DANS VOTRE ANTICHAMBRE ! UN MOT DE VOTRE PART ET IL VOUS FAIT DÉMONSTRATION DE SES FABULEUX TALENTS !
SOIT ! QU'IL ENTRE... PENDANT QUE JE DONNE QUELQUES ORDRES...
MONSIEUR MON BOURREAU ! CONCERNANT MES CHEVAUX D'ÉCARTÈLEMENT, AU LIEU DE QUATRE, VOUS EN PRÉVOIREZ HUIT.
JE SUIS SÛR QUE SI LES CHOSES DEVAIENT MAL SE PASSER, CE JEUNE HOMME N'AURA PAS À COEUR D'ABANDONNER SON AMI MÉDECIN DU ROI.
APPROCHEZ ! N'AYEZ PAS PEUR ! JE DÉMEMBRE... MAIS NE MORDS PAS !
ON ME DIT QUE GRÂCE À VOUS, JE POURRAI ME SOULAGER SANS SOUFFRIR... MALGRÉ CETTE MAUDITE BOUGIE.
QUE DOIS-JE FAIRE ?
SI VOTRE MAJESTÉ VEUT BIEN ME REGARDER.

QUAND VOTRE MAJESTÉ ENTENDRA... PSSS... PSSS...
DRELING
DRELING
PSSSSiiii...
...SSiiii...ii...
DRELING
DRELING
ALORS, JEUNE HOMME ! ALLEZ-VOUS ME FAIRE ATTENDRE ENCORE LONGTEMPS ? JE NE SUIS PAS D'UNE GRANDE PATIENCE.
FANTASTIQUE !
FAITES ANNONCER CE TOURNOI DE PAUME ET PRÉPARER LES TONNEAUX ! LA FÊTE SERA BELLE, LE VIN ET LE ROI VONT PISSER DRU !

À DEMAIN, DONC ! ET N'OUBLIEZ PAS VOTRE CLOCHETTE !
ELLE NE ME QUITTERA PLUS, CHER COLLÈGUE !
ALARIC ! J'AI TELLEMENT À TE RACONTER. MAIS IL FAUT AVANT CELA QUE MATHILDE SACHE TOUT DE MES EXPLOITS !
JE VAIS LUI ÉCRIRE UNE INVITATION ENFLAMMÉE ET LA FERAI PORTER CHEZ SA TANTE BERTILLE. IMAGINE... UNE PROMENADE ROMANTIQUE SUR LES QUAIS DE SEINE AVEC CELLE QUE J'AIME À MON BRAS.
JE VEUX QUE TU ME FASSES L'HONNEUR DE PORTER TOI-MÊME CETTE LETTRE, MON PRÉCIEUX AMI.
TU ME RAMÈNERAS LA RÉPONSE ÉNAMOURÉE DE LA DAME DE MON COEUR. EN ATTENDANT, J'IRAI ME FAIRE POMPONNER CHEZ LE BARBIER ET HABILLER DE NEUF CHEZ LE TAILLEUR.
JE SUIS LE PLUS HEUREUX DES HOMMES, ALARIC !
ET JE VEUX QUE TU PARTAGES MON BONHEUR !

MAMAN !
JE VOUS SERAI ÉTERNELLEMENT RECONNAISSANTE.
DITES-MOI CE QUE VOUS SAVEZ !
LA PARTIE DE PAUME AURA LIEU DEMAIN. LE ROI EST ENTHOUSIASTE ET VISIBLEMENT DÉBARRASSÉ DE SES SOUCIS.
!
COMMENT EST-CE POSSIBLE ? VOUS M'AVIEZ ASSURÉ QUE LE PROBLÈME ÉTAIT INSOLUBLE !
IL AURAIT REÇU L'AIDE D'UN JEUNE HOMME DU NOM DE THIBAULT QUI OFFICIE SUR LE PONT NEUF, OÙ IL DONNE UN NUMÉRO MAGIQUE QUI AMUSE GRANDEMENT LES BADAUDS.
QU'EST-CE QUE CETTE DIABLERIE ?

MA TANTE ! TOUT PARIS EN PARLE ! DEMAIN, LE ROI VA DISPUTER UNE PARTIE DE PAUME EN PUBLIC.
NOUS IRONS, N'EST-CE PAS ? JE BRÛLE DE LE REVOIR !
LE REVOIR, DIS-TU ?! MAIS... ?
EN SORTANT DE VOTRE ROULOTTE, LE PREMIER JOUR, JE SUIS TOMBÉE NEZ À NEZ AVEC SON CHEVAL.
UN SOURIRE IRRÉSISTIBLE, LE ROI...
MA TANTE... C'EST À LUI QUE J'AI SOURI EN PREMIER ET NON PAS À THIBAULT... ET JE LUI AI PARLÉ, AUSSI...
NE T'EMBALLE PAS, MA NIÈCE. MES PRÉDICTIONS SONT PARFOIS UN PEU...
NON, MA TANTE ! JE CONNAIS VOTRE RÉPUTATION, ON VOUS DIT INFAILLIBLE !
MA NIÈCE S'EST MIS EN TÊTE QU'ELLE EST AMOUREUSE DU ROI DE FRANCE !
TOC TOC TOC
EXCUSEZ-MOI. J'AI UNE LETTRE DESTINÉE À MADEMOISELLE MATHILDE.

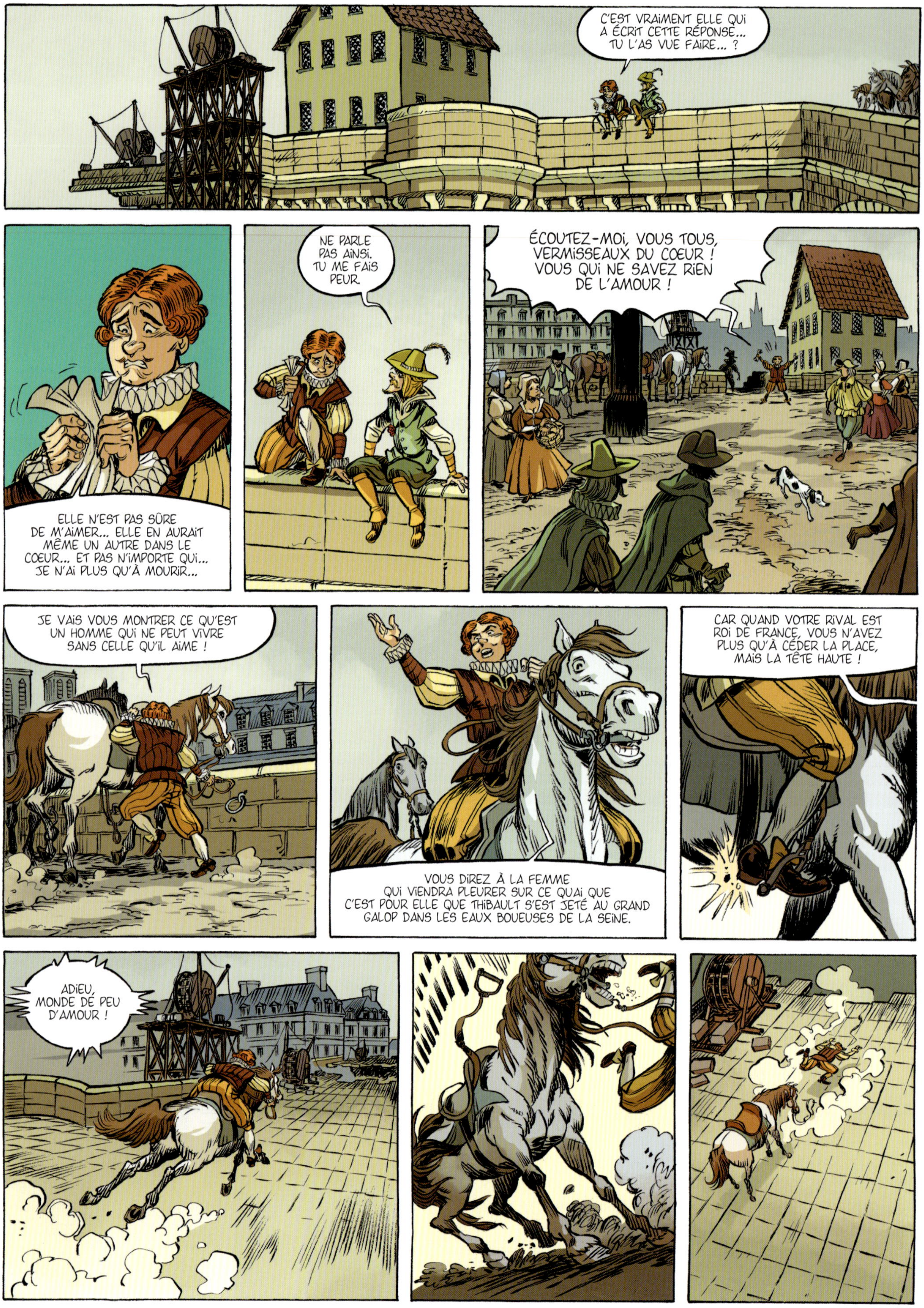
C'EST VRAIMENT ELLE QUI A ÉCRIT CETTE RÉPONSE... TU L'AS VUE FAIRE... ?
ELLE N'EST PAS SÛRE DE M'AIMER... ELLE EN AURAIT MÊME UN AUTRE DANS LE COEUR... ET PAS N'IMPORTE QUI... JE N'AI PLUS QU'À MOURIR...
NE PARLE PAS AINSI. TU ME FAIS PEUR.
ÉCOUTEZ-MOI, VOUS TOUS, VERMISSEAUX DU COEUR ! VOUS QUI NE SAVEZ RIEN DE L'AMOUR !
JE VAIS VOUS MONTRER CE QU'EST UN HOMME QUI NE PEUT VIVRE SANS CELLE QU'IL AIME !
VOUS DIREZ À LA FEMME QUI VIENDRA PLEURER SUR CE QUAI QUE C'EST POUR ELLE QUE THIBAULT S'EST JETÉ AU GRAND GALOP DANS LES EAUX BOUEUSES DE LA SEINE.
CAR QUAND VOTRE RIVAL EST ROI DE FRANCE, VOUS N'AVEZ PLUS QU'À CÉDER LA PLACE, MAIS LA TÊTE HAUTE !
ADIEU, MONDE DE PEU D'AMOUR !

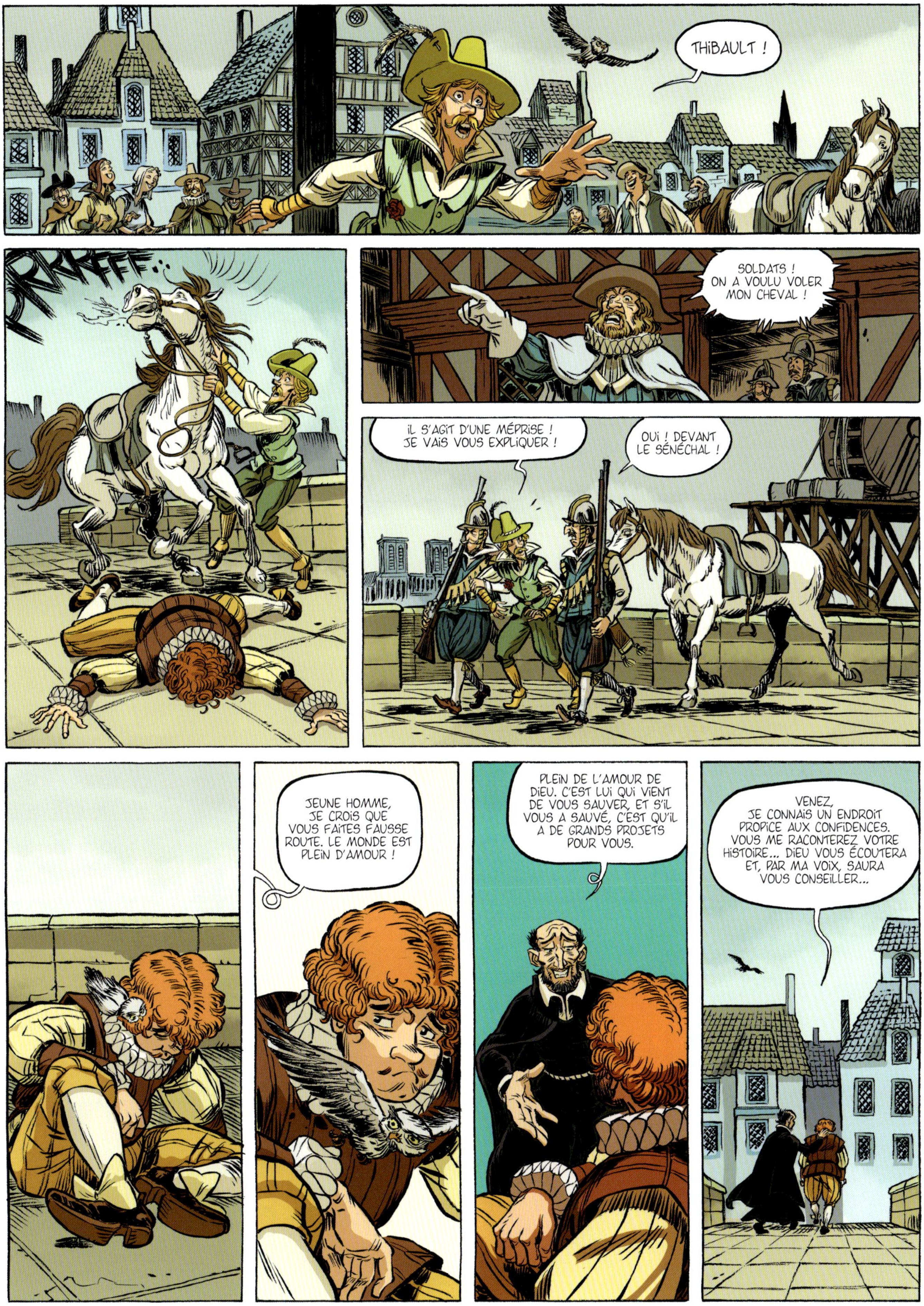
THIBAULT !
RRRFFF
SOLDATS ! ON A VOULU VOLER MON CHEVAL !
IL S'AGIT D'UNE MÉPRISE ! JE VAIS VOUS EXPLIQUER !
OUI ! DEVANT LE SÉNÉCHAL !
JEUNE HOMME, JE CROIS QUE VOUS FAITES FAUSSE ROUTE. LE MONDE EST PLEIN D'AMOUR !
PLEIN DE L'AMOUR DE DIEU. C'EST LUI QUI VIENT DE VOUS SAUVER, ET S'IL VOUS A SAUVÉ, C'EST QU'IL A DE GRANDS PROJETS POUR VOUS.
VENEZ, JE CONNAIS UN ENDROIT PROPICE AUX CONFIDENCES. VOUS ME RACONTEREZ VOTRE HISTOIRE... DIEU VOUS ÉCOUTERA ET, PAR MA VOIX, SAURA VOUS CONSEILLER...

VOUS NE POUVEZ PAS LAISSER CET HOMME, FÛT-IL MONARQUE, VOUS VOLER LA FEMME QUE VOUS AIMEZ.
IMAGINEZ CE ROI IMPIE CHASSÉ DE SON ROYAUME PAR LA FORCE DU PEUPLE.
AVEC LE PLAN QUE JE VOUS PROPOSE, IL NE POURRA SE REMETTRE DE CETTE STUPIDE PARTIE DE PAUME ET DE CE QUE, GRÂCE À CE DON QUE DIEU VOUS A DONNÉ, VOUS ALLEZ L'OBLIGER À FAIRE.
ALORS CETTE JEUNE FEMME, ADMIRATIVE, REVIENDRA VERS VOUS, LE HÉROS DE TOUT UN PEUPLE.
VOUS CROYEZ ?
N'EN DOUTEZ PAS ! VOUS ÊTES LA MAIN DE DIEU !

ALARIC !
ILS M'ONT LIBÉRÉ CE MATIN ! LE SÉNÉCHAL A ADMIS LA MÉPRISE !
ALLONS NOUS PLACER, IL Y A FOULE !
N'OUBLIEZ PAS... DIEU EST AVEC VOUS... ET L'AMOUR VOUS ATTEND AU BOUT DU CHEMIN...

PSSSiii... PSSSiii...
♪ DRELING !
DRELING ! ♪
VOILÀ QUI EST FAIT... ET BIEN FAIT !
RANGEONS TOUT ÇA ET ALLONS SÉDUIRE LES FOULES !
MAJESTÉ... JE...
OUI ?! DE QUOI S'AGIT-IL ?
POURRIEZ-VOUS M'ACCORDER UN INSTANT... EN TÊTE À TÊTE... ?
VOTRE PUBLIC S'IMPATIENTE, SIRE ! NOUS SOMMES AU BORD DE L'ÉMEUTE !

ALORS... AVEZ-VOUS PU ?
PAS ENCORE...
IL N'EST PLUS L'HEURE DE TERGIVERSER ! DIEU EST AMOUR, MAIS SA COLÈRE PEUT AUSSI ÊTRE TERRIBLE !
REGARDE-LE, TON THIBAULT. N'EST-IL PAS CHARMANT ?
C'EST POURTANT VRAI QU'IL EST MIGNON...
CE SERREMENT AU COEUR LORSQUE JE LE VOIS... CE SERAIT CELA, L'AMOUR, MA TANTE ?
MAIS BIEN SÛR, MA NIÈCE. CE N'EST RIEN DE PLUS QUE CELA... MAIS C'EST DÉJÀ BEAUCOUP.

BRAVO !
VIVE LE ROI !
FANTASTIQUE !
QUEL HOMME !
LA FEMME QUE VOUS AIMEZ, COMME TOUTES CES FEMELLES, N'A D'YEUX QUE POUR LE ROI ! VOUS N'EXISTEZ MÊME PLUS !
SI VOUS N'AGISSEZ PAS COMME NOUS L'AVONS CONVENU, VOUS LA PERDREZ À JAMAIS.
IL DOIT BAISSER SON PANTALON ET CRIER : "MERDE AUX PAPISTES !"
NE VOUS INQUIÉTEZ PAS. JE NE MANQUERAI PAS LA PROCHAINE OCCASION.

CHERS AMIS, JE VOUS PROPOSE UNE PETITE PAUSE ! LE TEMPS QUE VOTRE MONARQUE ADORÉ SE RAFRAÎCHISSE ET QUE VOUS GOÛTIEZ CE MERVEILLEUX JURANÇON QU'IL VOUS A FAIT PORTER !
HOURRA !
FANTASTIQUE !
BRAVO !
VIVE LE ROI !
VIVE LE JURANÇON !
MAJESTÉ, IL FAUT QUE JE VOUS PARLE... C'EST TRÈS IMPORTANT...
DE QUOI S'AGIT-IL, JEUNE HOMME ?
IL S'AGIT D'AMOUR, MAJESTÉ ! D'AMOUR...
PSSSIIII
PSSSIIII
JE SUIS TELLEMENT CONTENTE QUE TU REVIENNES À DE MEILLEURES DISPOSITIONS CONCERNANT CE GENTIL GARÇON. IL FERA UN MARI PARFAIT.

AAAH ! ÇA REPREND !
NOUS SOMMES AVEC VOUS, MAJESTÉ !
BRAVO!
HOURRA!
Piiii!
Piii!
Piii!
DING
DING
DING
DING
DING
DING
DING
IL SE PASSE QUELQUE CHOSE D'ÉTRANGE ! JE CROIS QUE THIBAULT S'EST MIS DANS UN TRÈS MAUVAIS CAS !
IL FAUT QUE TU FASSES DIVERSION !
FAIRE DIVERSION... FAIRE DIVERSION...

MAJESTÉ ! MAJESTÉ !
VOYEZ ! LES PARISIENNES VOUS SONT DÉVOUÉES CORPS ET ÂME !
OOOHHH...
WAAAA..
HO HO..
JE VOUS EN SUPPLIE, MA TANTE ! JOIGNEZ-VOUS À MOI. IL EN VA DU SORT DE L'HOMME QUE J'AIME !
CORPS ET ÂME, MAJESTÉ !
HOURRA !! BRAVO !! HAAAA !
MERDE AUX PAPISTES !
HAAAAA
OUAIIIIS
HAHAHA
HÉ HÉ

DING ! DING
DING ! DING ? DING
CORPS ET ÂME ! CORPS ET ÂME !
MAJESTÉ ! TOUTES LES FEMMES DE PARIS SONT AVEC VOUS !
MADEMOISELLE, JE NE SUIS PAS SÛR D'AVOIR BIEN ENTENDU CE QUE VOUS VENEZ DE DIRE !
SERIEZ-VOUS ASSEZ AIMABLE POUR VENIR ME LE RÉPÉTER À LA FIN DE CETTE PARTIE ?
C'EST QUE... JE SUIS FIANCÉE, MAJESTÉ !
AHAH !
AHAHAH !

MAIS, ENFIN... PERSONNE N'A VU ?
LE ROI A MONTRÉ SON POSTÉRIEUR ET A CRIÉ : "MERDE AUX PAPISTES !" C'EST BLASPHÉMATOIRE !
CE QUE L'ON A VU N'AVAIT RIEN D'UN POSTÉRIEUR, IL FAUT REVOIR VOS COURS D'ANATOMIE, L'ABBÉ !
ET ÇA NE RISQUAIT PAS D'APPARTENIR À UN ROI, MOI, JE VOUS L'DIS !
PLUTÔT À DES REINES DE BEAUTÉ !
NE PRENEZ PAS VOS DÉSIRS POUR DES RÉALITÉS, MONSIEUR L'ABBÉ. JE NE MONTRE MON SÉANT QU'À MES FEMMES ET MES DOCTEURS !
ET JAMAIS À MON CONFESSEUR, MÊME S'IL EN RÊVE !
C'EST UN CRIME DE LÈSE-MAJESTÉ !
ÇA MÉRITE L'ÉCARTÈLEMENT !
LES CHEVAUX ! LES CHEVAUX !
NE GÂCHONS PAS LE MAGNIFIQUE ACCUEIL QUE VOUS M'AVEZ RÉSERVÉ, MES AMIS...
SOYONS MAGNANIMES...
... ET GRACIONS CE FAQUIN !
IL FINIRA SES JOURS DANS UN MONASTÈRE... CELA CALMERA SES ARDEURS.

JOIGNEZ-VOUS À MOI, JEUNE HOMME !
JE ME POSE UNE QUESTION, CONCERNANT VOTRE... TALENT.
QUAND VOUS ME METTEZ DANS CET ÉTAT ÉTRANGE ET ME SUGGÉREZ CE QUE JE DOIS FAIRE, IL VOUS SUFFIT DE SONNER CETTE CLOCHETTE POUR QUE MON ESPRIT ET MON CORPS OBÉISSENT, N'EST-CE PAS ?
OUI... SIRE. MAIS JE NE SAIS PAS CE QUE L'ABBÉ A ESSAYÉ DE FAIRE CROIRE...
IL NE S'AGIT PAS DE CELA !
CROYEZ-VOUS QUE VOUS POURRIEZ COMMANDER À MON ROYAL...
VOUS VOYEZ CE QUE JE VEUX DIRE... ?
JE PENSE QUE CELA POURRAIT ÊTRE POSSIBLE...
JE VOUS DEMANDE SI VOUS EN ÊTES CAPABLE !

MON PRÉTENDANT SERA CAPABLE DE TOUT POUR PLAIRE À VOTRE MAJESTÉ. COMME NOUS TOUS, ICI.
VOTRE PRÉTENDANT... ?! TIENS DONC !
EH BIEN, APPRENEZ QUE JE VIENS JUSTEMENT DE LE NOMMER PORTE-POT DU ROI !
SA PRÉSENCE AUPRÈS DE MOI VA ME DEVENIR TRÈS UTILE...
QUEL IMMENSE HONNEUR POUR LA FAMILLE QUE NOUS ALLONS FONDER !
OH, OH ! UN MARIAGE ! IL NOUS FAUT UN CADEAU. QUE POURRAIS-JE OFFRIR À NOS FUTURS MARIÉS ?
MAJESTÉ, UNE FAVEUR, PEUT-ÊTRE ?
PAS POUR NOUS, POUR UN AMI...
JE VOUS ÉCOUTE...

QUI AURAIT CRU QU'UN TEL DESTIN NOUS ATTENDAIT !
L'AMOUR, ALARIC ! L'AMOUR PEUT TOUT !
ALORS, MES JOLIES PARISIENNES, QU'AVEZ-VOUS PENSÉ DE LA VIGUEUR DE VOTRE ROI PENDANT CETTE PARTIE DE PAUME ?
NOUS VOUS L'AVONS DÉJÀ DIT À PLUSIEURS REPRISES, MAJESTÉ... RIEN QUE CE SOIR...
REDITES-LE-MOI À L'OREILLE ET VOUS NE LE REGRETTEREZ PAS... UNE FOIS DE PLUS...
PSSSS... PSSSS... NOTRE ROI...
PSSS PSSSS PPSSS... MAJESTÉ...
JARNIDIEU !
LA CLOCHETTE, THIBAULT ! LA CLOCHETTE !
ENCORE ?!
L'AMOUR, ALARIC ! L'AMOUR !
DRELING
DRELING

ABONNEZ-VOUS
À NOTRE NEWSLETTER
ET NE RATEZ PLUS AUCUNE SORTIE !

© 2025 **BAMBOO ÉDITION** - 290 route des Allogneraies 71850 CHARNAY-LÈS-MÂCON - **www.bamboo.fr**
Tous droits de traduction, d'adaptation et de reproduction strictement réservés pour tous pays.
PREMIÈRE ÉDITION - Dépôt légal : février 2025 - ISBN : 979-1-0411-0082-8

Certifié PEFC
Ce produit est issu de forêts gérées durablement et de sources contrôlées
PEFC
PEFC/07-31-234
www.pefc.org

Imprimé en Belgique
Printed in Belgium by Delabie S.A. – Lesaffre S.A. (Mouscron),
Z.I. La Martinoire Bd de l'Eurozone 9 7700 Mouscron

La fabrication de cet album répond au processus
de développement durable engagé par Bamboo Édition.